AF222902

Mandalas rund um den Bauernhof

Mandalas werden bis in die heutige Zeit als Meditationshilfe verwendet. Die Anordung um ein Zentrum hilft bei der Findung der inneren Mitte und entspannt den Geist in einer heutzutage immer schneller und lauter werdenden Umwelt.

Kinder können sich stundenlang mit Mandalas beschäftigen. Deshalb gibt es viele Erzieherinnen, die Mandalas in Kindergärten einsetzen. Das Ausmalen fordert Geduld, Farbgefühl und Konzentration. Das fertige Mandala wird so zum individuellen Erfolgserlebnis.

Es macht Spaß, die Wirkung beim Ausmalen selbst zu erleben!

Alle MANDALA-Bände dieser Reihe:

· Mandalas Rund um den Bauernhof
· Mandalas Pferde
· Mandalas Autos
· Mandalas Weihnachten
· Mandalas Elfen Drachen Zauberer
· Mandalas Alphabet
· Mandalas der Kelten
· Mandalas Ornamente
· Mandalas Liebe Rosen Herzen

Printed in Germany · Herstellung und Verlag: Books on Demand GmbH, Norderstedt · Zeichnungen: Andreas Abato · 1. Aufl. 2007

Die Bedeutung der Farben

Rot	Liebe, Leidenschaft, Ausdauer, Kaft
Blau	Ruhe, Kühle, Entspannung, Frieden
Gelb	Licht, Aktivität, Freude, Freiheit
Orange	Lebensenergie, Freude, Mut
Grün	Natur, Kraft, Leben, Hoffnung
Rosa	Weiblichkeit, Sanftmut
Violett	Selbstbestimmung, Geist, Glaube
Schwarz	Würde, Standhaftigkeit
Weiß	Unschuld, Reinheit, Klarheit

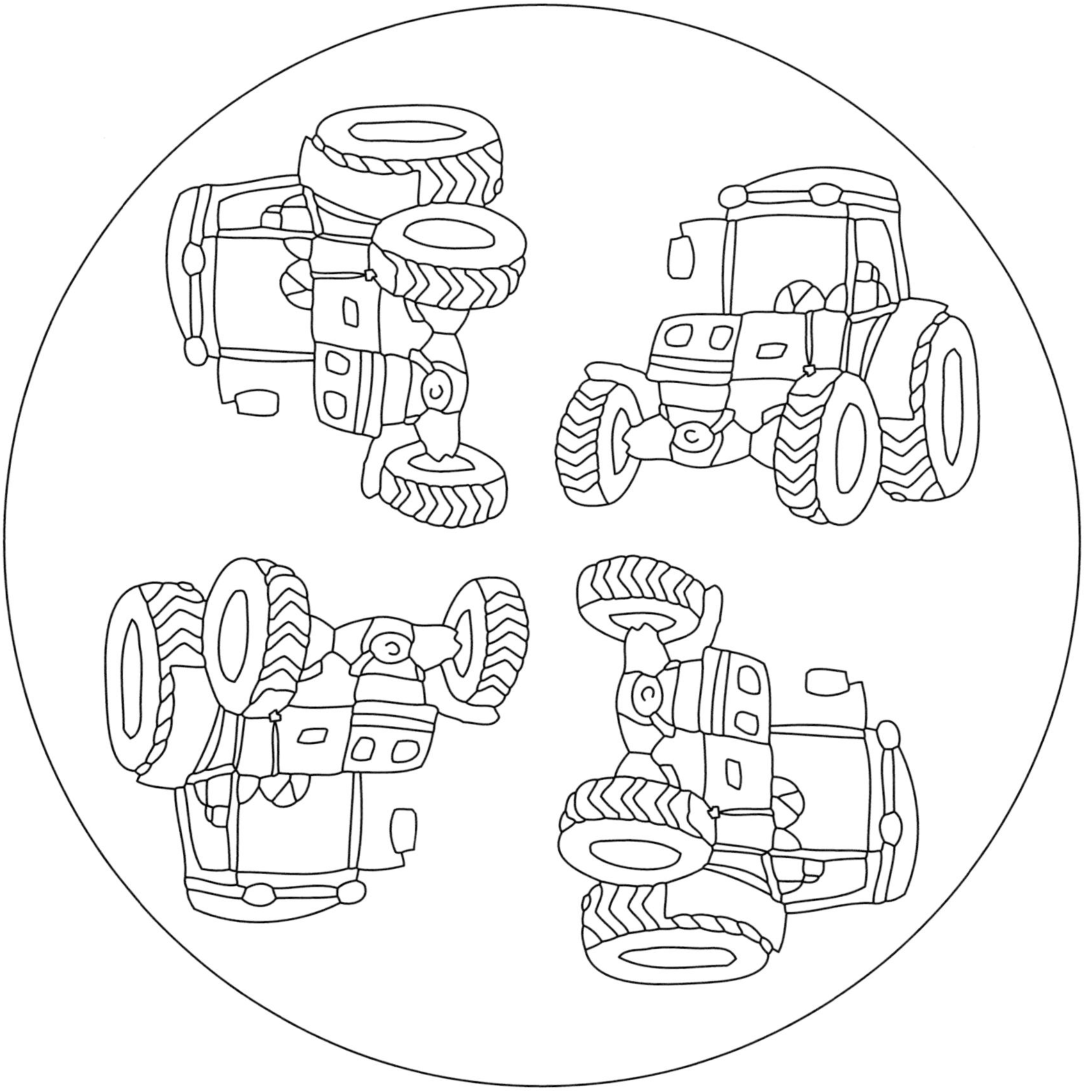

Herstellung und Verlag: BoD – Books on Demand, Norderstedt
ISBN:9783833491900

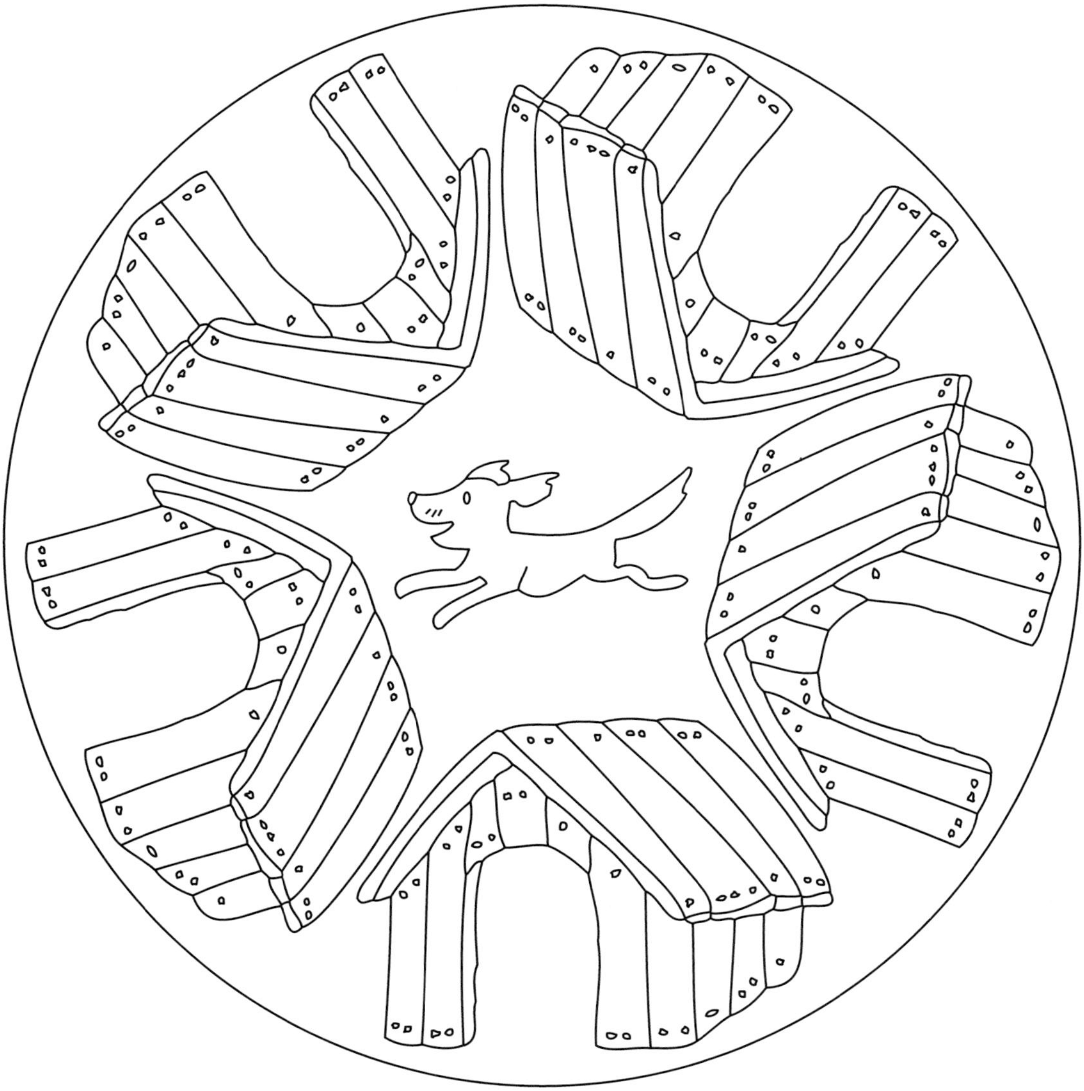

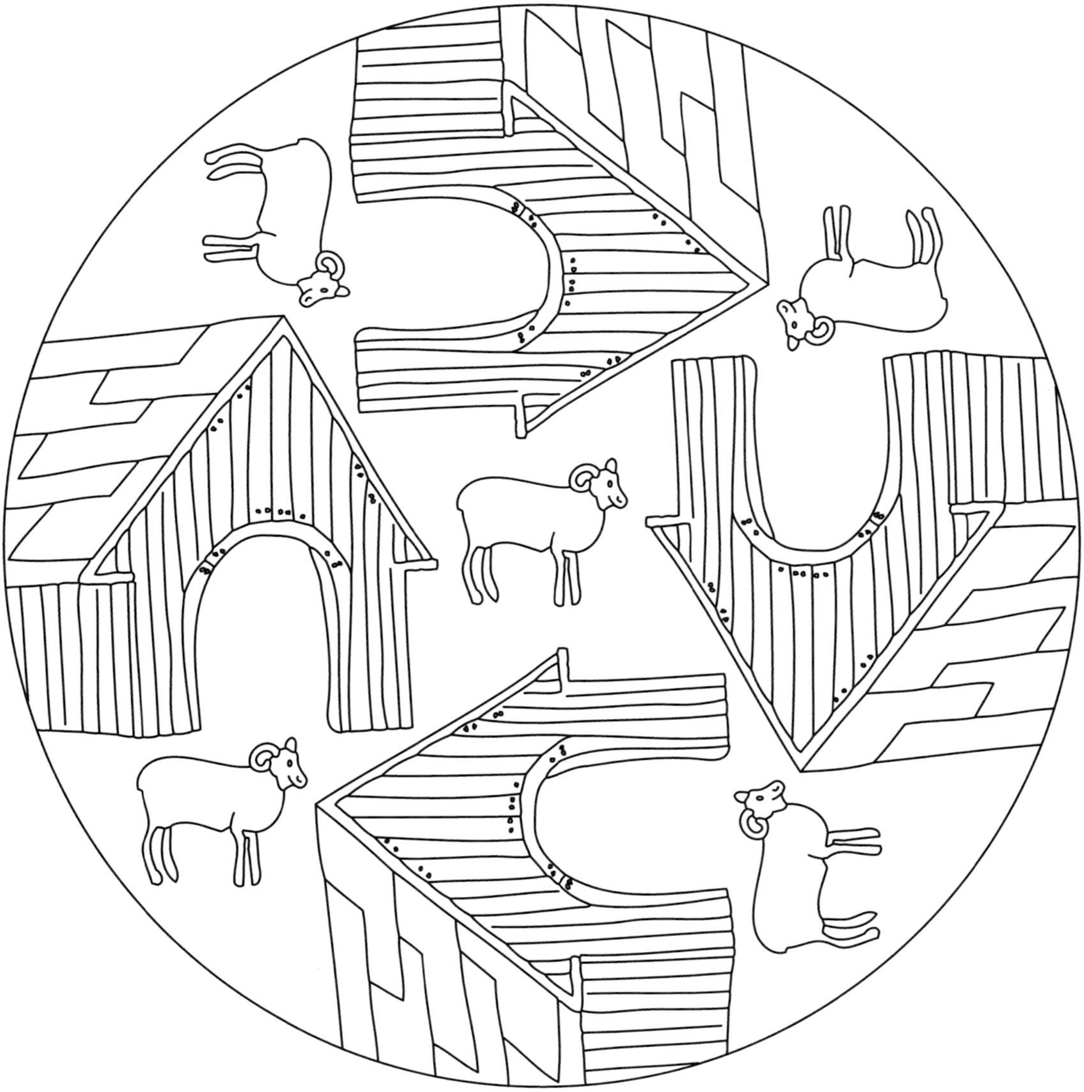

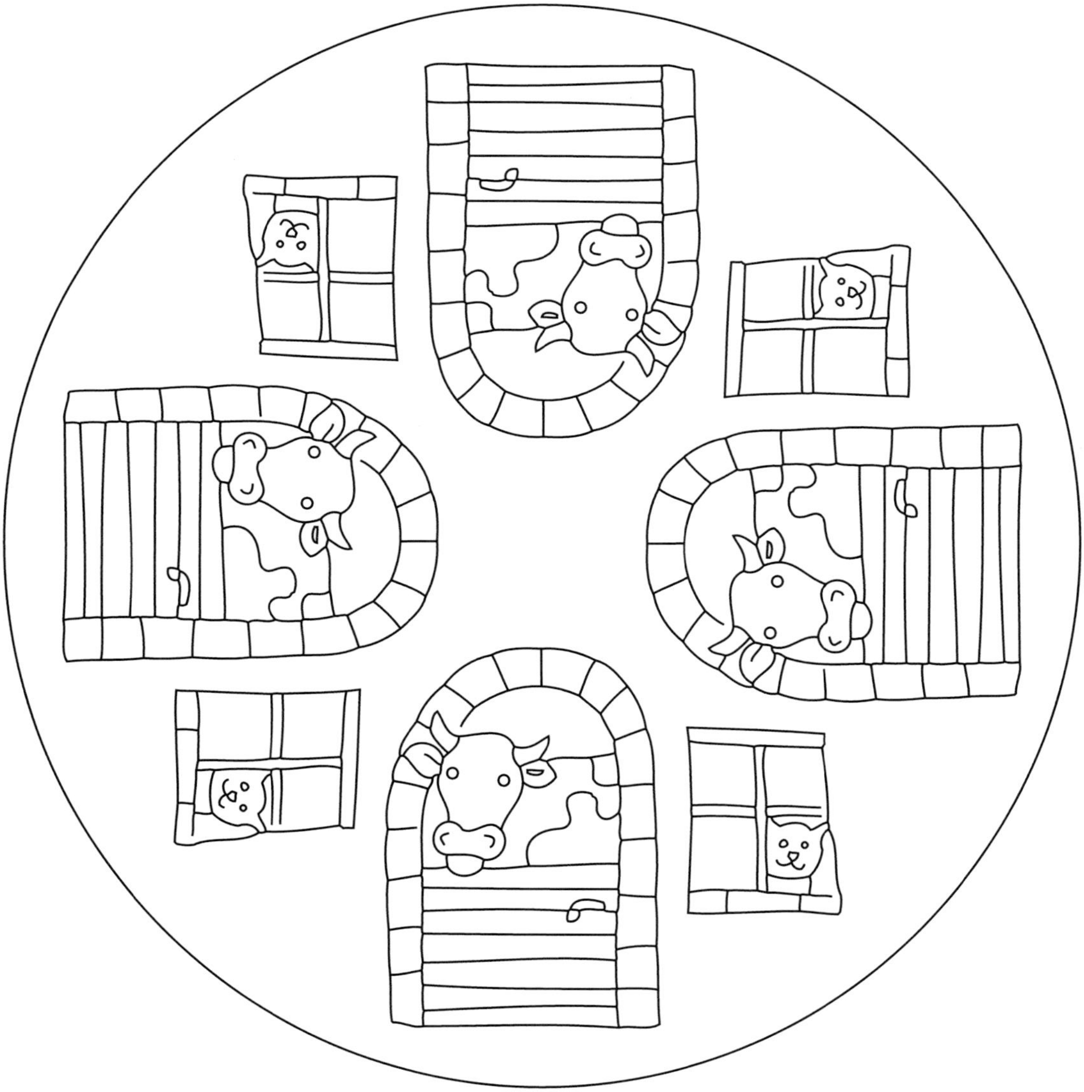

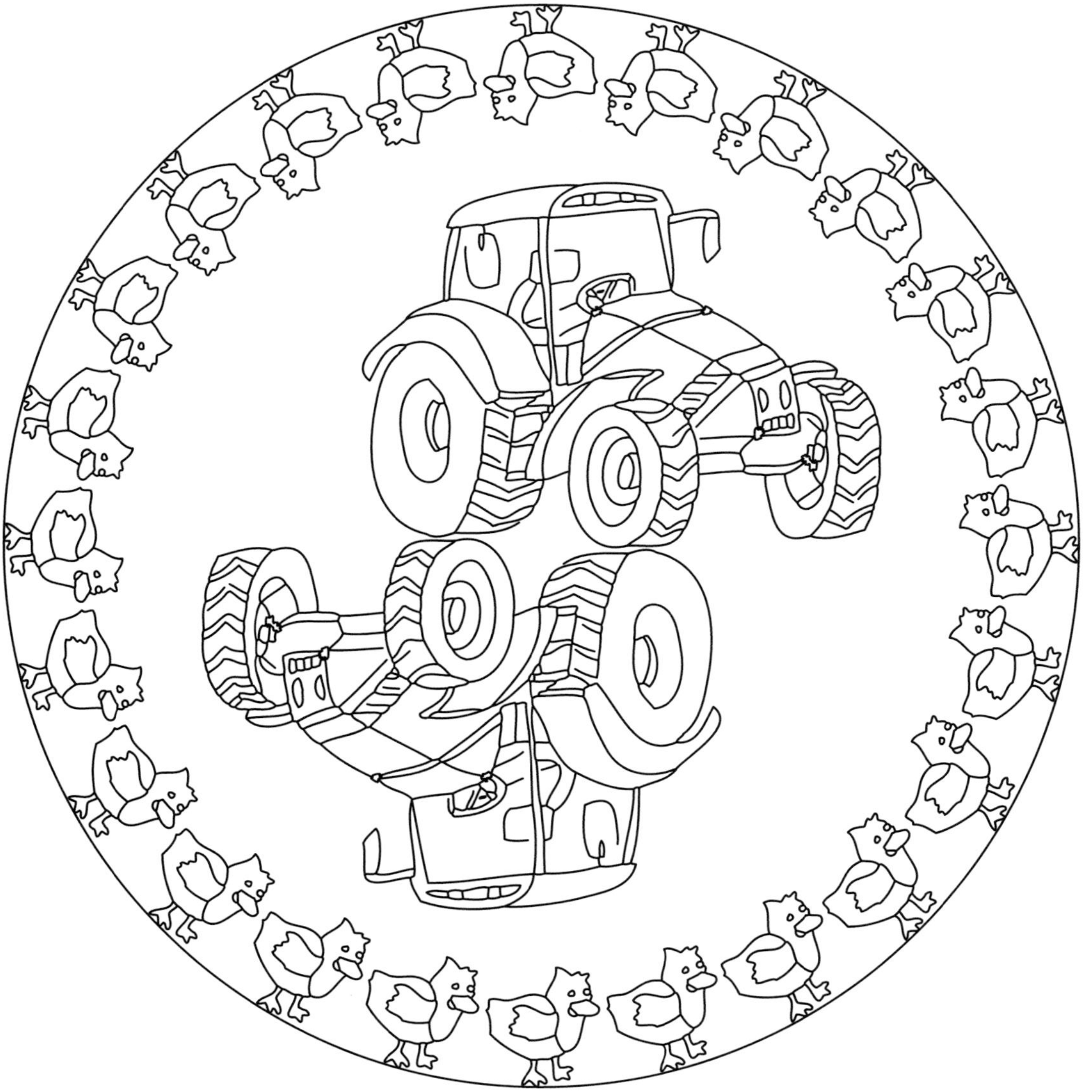

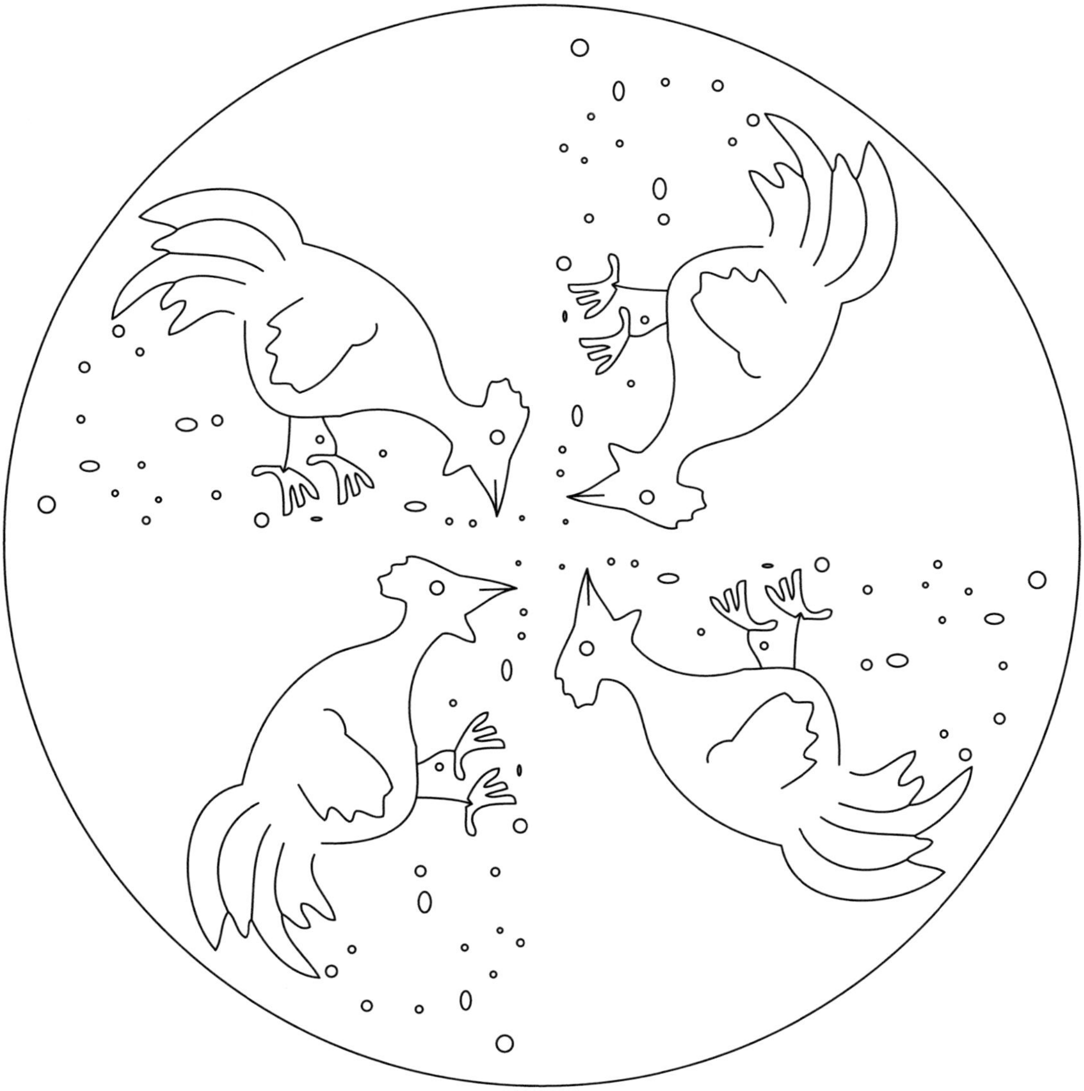